U0615276

科学实验区实验学院 ★推荐用书★

万物有 科学

《万物有科学》编写组⊙编

杨小仁 熊家昌 吴 穹⊙主编

第四册

分册主编：时荣萍 谢梨萍 黄丹霞
编 委：史翠翠 利 翠 邓 娟
陈瑞超 高 畅 胡 瑶
邹林轩 彭 娜 祝有清

江西人民出版社
Jiangxi People's Publishing House
全国百佳出版社

图书在版编目（CIP）数据

万物有科学 . 第四册 /《万物有科学》编写组编；
杨小仁 , 熊家昌 , 吴穹主编 . -- 南昌 : 江西人民出版社 ,
2024. 11. -- ISBN 978-7-210-16009-0

Ⅰ . G634.73

中国国家版本馆 CIP 数据核字第 2024P6U111 号

万物有科学　第四册
WANWU YOU KEXUE　DI-SI CE

《万物有科学》编写组　编　　　杨小仁　熊家昌　吴穹　主编

出　版　人：梁　菁
策　　　划：黄心刚
责 任 编 辑：王醴颉
装 帧 设 计：白　冰

 江西人民出版社
Jiangxi People's Publishing House
全国百佳出版社　出版发行

地　　　址：江西省南昌市三经路 47 号附 1 号（邮编：330006）
网　　　址：www.jxpph.com
电 子 信 箱：jxrmbook@126.com
编辑部电话：0791-86896797
发行部电话：0791-86898815
承　印　厂：江西千叶彩印有限公司
经　　　销：各地新华书店

开　　　本：787 毫米 ×1092 毫米　1/16
印　　　张：8.5
字　　　数：104 千字
版　　　次：2024 年 11 月第 1 版
印　　　次：2024 年 11 月第 1 次印刷
书　　　号：ISBN 978-7-210-16009-0
定　　　价：38.00 元
赣版权登字 –01-2024-824

前　言

亲爱的读者朋友们：

在这个多姿多彩的世界，科学知识无处不在。无论是在我们熟悉的语文、数学课堂上，还是在充满活力和创意的音乐、体育与美术活动中，科学都扮演着重要的角色。

"万物有科学"丛书旨在打破传统学科之间的界限，为青少年呈现一个既全面又有趣的科学世界。丛书编写前，编写组征集了大家在日常学习中发现的最感兴趣、最想了解的科学问题，围绕课本或者生活中常见的科学现象，选择了192个科学知识点，每册图书集中展示32个。每个知识点创设奇妙有趣的科学情境，设计新颖独特的实验或实践活动，带领大家一起探究实验背后的科学原理。让我们一起化身小小科学家，踏上一场充满乐趣与挑战的科学探秘之旅吧！

观察与发现　小小科学家需要有一双善于发现的眼睛。在这个栏目中，我们将仔细观察，从平时不太注意的事物里，找到其中的科学现象，提出科学问题。

探究与实践　小小科学家需要有一双勇于实践的巧手。在这个栏目中，我们动手、动脑，设计实验，完成实验，认真观察，记录科学现象，探究科学奥秘。

　　研讨与反思　小小科学家需要有寻根问源的精神。这些实验现象产生的原理是什么呢？我们制作出来的作品运用了哪些科学知识？在完成实践活动的过程中，我们遇到了哪些问题？我们是如何解决的呢？通过研讨与反思，我们可以总结经验教训，提高实验设计和实施的能力。

　　拓展与延伸　小小科学家需要有举一反三的能力。我们学到的科学知识可以解决生活中的实际问题吗？在实践过后，我们又有了哪些新的想法呢？每课学完，我们可以大胆地去尝试，在生活中和大自然里勇敢探索。

　　读者朋友们，科学知识就像一把钥匙，它能帮助我们打开通往未知世界的大门。无论我们身处何方，无论我们在做什么，只要我们用心观察、勤于思考，就能发现科学的奥秘和魅力。让"万物有科学"丛书陪伴大家一起，用科学的视角、科学的思维理解各学科知识，更好地探索这个充满未知的世界。

丛书编委会

2024 年 11 月

目 录

看得见的振动

什么是振动？振动的音叉接触水面，水滴为什么会飞溅？还有什么办法可以"看见"振动呢？

观察与发现

古代窃听器：地听（听瓮）

在 2000 多年前的战国时期，各诸侯国争霸天下，一种被称为"顺风耳"的神秘器具悄悄在战场上发挥着重要作用，这就是古代雷达——茧形陶壶。茧形壶是怎样发挥它的军事作用的呢？成语"伏罂而听"的科学道理又是什么？

伏罂而听

西汉灰陶彩绘云气纹茧形壶

探究与实践

自制振动观察器

准备材料: 木板、气球、活动支架、双面胶、镜片、塑料杯、激光灯、橡皮筋、绝缘帽、电池盒。

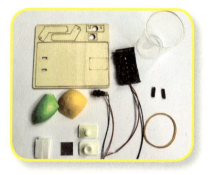

制作步骤:

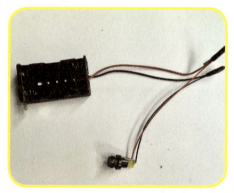

1. 将电池盒与激光灯导线连接，套上绝缘帽。

2. 将 3 号、4 号部件穿入激光灯头部。

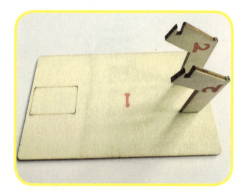

3. 取两块 2 号部件拼接到 1 号木板上。

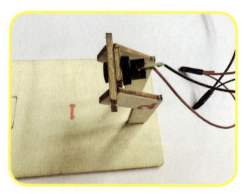

4. 将带激光灯的 3 号部件拼接到两块 2 号部件中间。

5.将气球套在塑料杯底部，并用皮筋固定。

6.用双面胶将镜片粘贴在气球膜上。

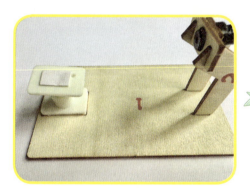

7.先将支架两端贴上双面胶，一端粘贴在木板上，另一端与塑料杯粘贴。再用双面胶将支架与电池粘在一起，组装完成，装上电池进行测试。

　　调节支架，将激光灯调整到可以反射到墙面或者桌面的位置，然后我们用嘴对着塑料杯的一端进行发声，观察激光纹理的变化。

温馨提示

　　禁止激光灯直射人的眼睛！激光使用不当，有可能造成眼睛暂时性甚至永久性视力损伤。

展示交流：使用制作好的振动观测器，两个人一组进行演示。

研讨与反思

1. 我们是怎样"看见"振动过程的？

2. 请对自己在此次活动中的表现作出评价。

讨论设计	☆ ☆ ☆ ☆ ☆
动手制作	☆ ☆ ☆ ☆ ☆
合作分享	☆ ☆ ☆ ☆ ☆

拓展与延伸

运用今天所学知识，改进振动观测器，如使用不同材质或厚度的振动膜（塑料膜、纸张等），采用不同大小的塑料杯，看激光灯的光点会有怎样的变化。

1. 所需材料：

2. 设计草图：

② 我是小琴调音师

同学们是否曾经梦想过成为一位调音师，亲手制作出能够奏出美妙音乐的乐器呢？今天，我们就将实现这个梦想！你们准备好了吗？让我们一起开启这段美妙的科学探索之旅！

观察与发现

观察弦乐器，它们的表面分别是由长短、粗细不同的琴弦组成。这些琴弦为什么能发出不同的音调？

🌐 探究与实践

制作一把小琴

准备材料： 展开的纸盒、皮筋四根、分纸钉、木板琴舌。

制作步骤：

1. 将纸板折叠成纸盒，在纸盒上挖一个小孔，并把8个分纸钉固定在纸盒上。

2. 将木板琴舌固定在纸盒的凹槽中。

3. 先将 4 根皮筋套在纸盒外面的分纸钉上，使每条皮筋卡在木板琴舌的凹槽内。再将琴盒平放在桌面上，左手按住琴盒，右手食指依次拨动音孔附近的八根琴弦，仔细辨别声音的变化。

温馨提示

纸盒折叠时应插接牢固。使用分纸钉时小心不要扎到手。不弹琴时应将琴舌取下，使琴弦处于松弛状态，防止皮筋崩断。

作品展示：调节琴弦的长短、松紧，用自制的弦乐器，弹奏一曲《小星星》。

《小星星》

1 1 5 5 6 6 5 | 4 4 3 3 2 2 1
一闪一闪亮晶晶　满天都是小星星

5 5 4 4 3 3 2 | 5 5 4 4 3 3 2
挂在天上放光明　好像许多小眼睛

1 1 5 5 6 6 5 | 4 4 3 3 2 2 1
一闪一闪亮晶晶　满天都是小星星

研讨与反思

1. 右手食指拨动木板琴舌右方的琴弦，听听与琴舌左方音孔上方的琴弦声音有无变化？为什么？

2. 现在你认为音调的高低和皮筋的长短、松紧有什么关系呢？

皮筋越长，发出的音调越_____；皮筋越短，发出的音调越_____；

皮筋越松，发出的音调越_____。皮筋越紧，发出的音调越_____。

3. 请对自己在此次活动中的表现作出评价。

讨论设计	☆☆☆☆☆
动手制作	☆☆☆☆☆
合作分享	☆☆☆☆☆

拓展与延伸

生活中，我们除了可以用皮筋做弦乐器，还可以用其他材料做打击乐器吗？你能利用家里的碗筷和水来演奏一曲吗？

1. 所需材料：

2. 设计草图：

万物有科学 第四册
WANWU YOU KEXUE DI-SI CE

③ 排箫大揭秘

排箫是中国传统音乐中一种非常重要的管乐器。华夏先祖黄帝曾命乐官伶伦制作乐器，由长短不一的竹管制成，因此排箫又叫"参差"。

观察与发现

迄今发现的世界上最早的排箫，是距今3000多年的中国西周初期的骨排箫，由13根长短递减的禽类腿骨制成，上部平齐，下部由短到长倾斜，造型轻灵，吹孔多为敞开的圆孔。它是怎样发出不同声音的呢？

西周骨排箫

制作一把属于自己的排箫

准备材料：海绵条、塑料音管。

制作步骤：

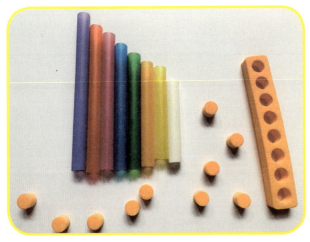

1.将海绵条里面的泡棉取出。

2.将泡棉塞入塑料音管一端。

3.将塑料音管按照从长到短的顺序，依次穿入两根海绵条，组装完成。（音管上部平齐）

《《　温馨提示

　　注意在吹奏时，将排箫靠近下巴，上嘴唇盖过下嘴唇，抿嘴向前平吹，方法类似于竹笛。自己制作的排箫仅供自己使用，同学之间不混用排箫。

讨论交流： 请同学们拿起排箫试着吹奏，仔细倾听，排箫发出的声音是怎样的？

⧖ 研讨与反思

1. 排箫会发出音调高低不同的声音，这是为什么呢？

2. 请对自己在此次活动中的表现作出评价。

讨论设计	★★★★★
动手制作	★★★★☆
合作分享	★★★☆☆

⚛ 拓展与延伸

箫，又名洞箫，竖吹，只有一个管，上面分布着不同的孔，试分析这种箫跟排箫在发音原理上有什么相似之处呢？你能用吸管或其他材料设计并制作洞箫吗？

1. 所需材料：

2. 设计草图：

④ 蝉鸣探秘

伴随着炎热，蝉把盛夏歌颂得欢腾而热烈。蝉的鸣叫是自然界中独特的声景之一，对生态环境具有指示作用。今天我们就一起走近蝉的世界，看看蝉是如何发声的。

观察与发现

蝉

〔唐〕虞世南

垂緌饮清露，流响出疏桐。
居高声自远，非是藉秋风。

当你下次再听到蝉鸣时，不妨停下脚步，仔细聆听这来自大自然的美妙乐章。你会发现，蝉的鸣叫声隐藏着许多秘密。

会鸣的蝉其实是雄蝉，它的发音器在腹基部，像蒙上了一层鼓膜的大鼓，毫不夸张地说，蝉的身体不亚于一个天然的乐器，而演奏者就是它们自己。

🌐 探究与实践

制作发声竹蝉

准备材料： 竹筒、钓鱼线、牛皮纸、翅膀、双面胶、塑料片、摇木棒。

制作步骤：

1. 穿孔并穿绳：把钓鱼线一端穿过牛皮纸中心的小洞，另一端固定在摇木棒两小球之间。

2. 在竹筒一端的线头上系住一个塑料片。

3. 检查钓鱼线两端是否系牢。

4. 装饰竹蝉：将白色双面胶纸撕翅膀长度大小，粘在翅膀的反面，并准确地粘贴在竹筒上安放翅膀的位置。

5.调整与测试：完成以上步骤后，提起竹蝉，轻轻转动木棒，观察竹蝉是否能发出清脆的鸣叫声。如果声音不够响亮或清晰，可以检查牛皮纸是否绷紧、钓鱼线是否松动等因素，并进行相应调整。

温馨提示

　　在制作过程中使用剪刀等工具时要小心谨慎！

　　在制作完成后，仔细检查竹蝉的各个部分是否牢固可靠，确保没有松动的部件或尖锐的边缘。

展示交流：举办竹蝉作品展示会，互相欣赏、评价各自制作的竹蝉实验效果如何。

研讨与反思

　　1.现在你认为参与振动的物体是什么？是竹蝉的翅膀振动？是牛皮纸振动？还是线在摩擦时产生的振动？

　　2.改变摇晃竹蝉的速度、力度，听听竹蝉的声音发生了怎样的变化？思考其中的原因。

3.请对自己在此次活动中的表现作出评价。

讨论设计	★★★★★
动手制作	★★★★★
合作分享	★★★★★

拓展与延伸

在制作竹蝉时，除了使用竹筒、牛皮纸等传统材料外，还可以尝试使用其他材料进行替换。例如，可以使用塑料管代替竹筒，用棉线或尼龙绳代替钓鱼线，用薄纸片或布料代替牛皮纸等。这些替换材料可能会带来不同的声音效果和制作体验，或者设计不同的形状和外观来制作各种蝉。

你的竹蝉还能进行怎样的改进尝试？寻找身边的其他材料，改良竹蝉玩具。

1. 所需材料：

2. 设计草图：

会唱歌的杯子

扬声器俗称"喇叭"，是一种十分常用的将电信号转变为声信号的换能器件，在发声的电子电气设备中都能见到它。它的使用场景很多，学校广播、舞台演出都需要用到，扩音器也是扬声器的一种。

观察与发现

音乐集成电路又叫音乐芯片，在芯片中存有音乐程序，它相当于人体的大脑控制着整个电路的运行程序。音乐听筒为什么会发出声音呢？

探究与实践

会唱歌的杯子

让我们一起在制作简单扬声器中寻找答案吧！

准备材料：纸杯、塑料底板、电池盒、电池、音乐芯片、漆包线、磨砂纸、螺丝刀、螺丝钉、磁铁、螺柱。

实验步骤：

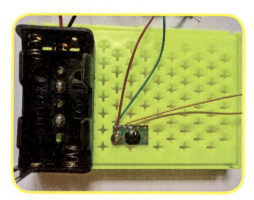

1.用螺丝刀拧动螺丝钉，将电池盒和音乐芯片固定在塑料底板上。

2.将音乐芯片上的红线和电池盒的正极（红线）相连，音乐芯片上的绿线和电池盒的负极（黑线）相连。

3. 用磨砂纸将漆包线两端打磨干净，露出内部的金属丝。将处理好的漆包线与音乐芯片剩下的两根黄线相连，并用螺柱固定在底板上，装进电池。

4. 将磁铁放入纸杯，磁铁吸住螺柱固定纸杯，安装完成。

温馨提示

　　在实验过程中，注意用电安全，避免触电等意外事故发生。细心缠绕漆包线，确保线圈整齐、紧密，避免交叉或松散。缠绕时可从贴近底板的部位开始，以更好地固定螺柱。

展示交流： 在连接好电路后，轻轻按压音乐集成电路盒的开关，观察是否有音乐声响起。

研讨与反思

1. 杯子在实验中所起的作用是什么？

2. 如果声音过小或音质不佳，你会怎么改进？

3.请对自己在此次活动中的表现作出评价。

讨论设计	☆ ☆ ☆ ☆ ☆
动手制作	☆ ☆ ☆ ☆ ☆
合作分享	☆ ☆ ☆ ☆ ☆

拓展与延伸

1.将螺柱换成下面这些物品，音乐听筒还会发声吗？为什么？

小木棍、铜棒、塑料棒、陶瓷棒。

2.音乐贺卡、音乐盒以及音乐门铃里面都藏有什么秘密呢？

吐故纳新

你们知道吗？我们每个人都是天生的"呼吸大师"，每天都默默地进行着一项看似简单却至关重要的活动——呼吸。

观察与发现

我们都知道鱼是生活在水里的，那它们是怎样呼吸的呢？人为什么不能像鱼一样生活在水里，人的呼吸依靠什么器官？

同学们应该感受过感冒时鼻子不通气有多难受，如果不能呼吸会怎么样？同学们可以闭上嘴巴，用手捏住鼻子，感受一下。呼吸时将手放在胸腔，感受呼吸时的变化。

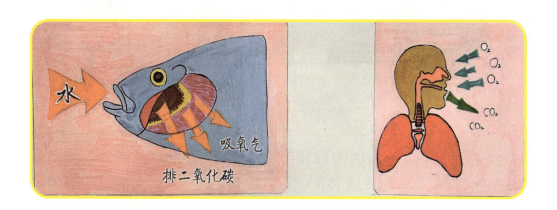

🌐 探究与实践

模拟制作呼吸系统

准备材料： 塑料吸管、气球、去底的塑料瓶、皮筋、泡沫圈、双面胶、卡片。

讨论设计： 当人体进行呼气、吸气时，胸腔、腹部会发生什么变化？

制作步骤：

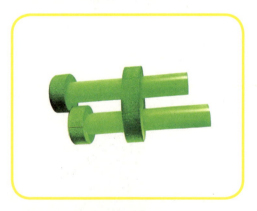

1.将两根吸管插入大的泡沫圈中，并将两个小的泡沫圈套在吸管的底部。

2.在两个小的泡沫圈外面分别套上小气球，再将大的泡沫圈固定在去底的塑料瓶瓶口处。

3. 先在塑料瓶的底部套上处理后的大气球，并用皮筋固定，再将人物卡片套在塑料瓶外面模拟肺工作。用一只手握紧瓶子，另一只手拉瓶底的气球膜，然后松手，再用手指向上顶气球膜，重复几次，观察瓶内气球的变化。

温馨提示

在泡沫圈上套气球时，注意力度，小心气球易破。

分享与交流：

手向下拉瓶底的气球膜，瓶内的气球会＿＿＿＿＿；手指向上顶瓶底的气球膜，瓶内的气球会＿＿＿＿＿，实验中的塑料瓶相当于人体的＿＿＿＿＿，绷在瓶底的气球膜相当于＿＿＿＿＿。

研讨与反思

1. 现在你知道肺呼吸的原理吗？

2. 举例说出哪些动物是用肺呼吸，哪些动物是用鳃呼吸？

3. 请对自己在此次活动中的表现作出评价。

能准确描述肺呼的原理	★★★★★
能完成制作	☆☆☆☆☆
活动时合作分享	☆☆☆☆☆

拓展与延伸

　　肺是气体交换的"中转站","中转站"的大小直接决定着每次呼吸气体交换的量。虽然这个"中转站"每次能够交换的气体量是一定的,但是这个量的大小是可以改变的,我们可以通过哪些方式来使我们的肺功能更加强大?哪些不良的生活方式又会损伤我们的呼吸器官呢?

　　1. 增强肺功能的生活方式:

　　2. 损伤肺功能的生活方式:

给饮料"卸妆"

色素广泛存在于我们的生活中，如五彩斑斓的花朵、鲜艳的水果，还有美味的糖果和饮料等。常用的食品色素主要分为天然色素和人工合成色素两大类。虽然合成色素能让食物看起来更诱人，但大量的研究报告指出，几乎所有的合成色素都不能向人体提供营养物质，某些合成色素甚至会危害人体健康。我国对在食品中添加合成色素有严格的限制。

观察与发现

扎染是一种古老而独特的染色技艺，已有数千年的历史，是国家非物质文化遗产之一。它不仅仅是一种染色技术，更是一种艺术的体现，一种文化的传承。同学们有没有想过这些五彩缤纷的颜色是从何而来的？

🌐 探究与实践

给饮料"卸妆"

准备材料： 三种不同颜色的色素、色母片、三个透明的塑料杯、搅拌棒。

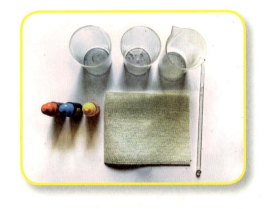

制作步骤：

1. 在三个透明塑料杯中分别倒入等量的水，将三种色素分别滴入杯中，观察杯中水的颜色变化。

2. 把色母片分别放入以上三种液体中，用搅拌棒搅拌，使色母片与液体充分接触。

3. 静置几分钟，用搅拌棒将色母片取出，观察杯中溶液颜色的变化和色母片的颜色变化。

温馨提示

实验过程中，请戴好一次性手套，避免手上沾到色素。

实验用品请勿用嘴品尝。

实验结束及时整理好台面。

分享与交流

色母片能吸附液体中的颜色，是因为它由许多小蜂窝状的网孔组成，这些蜂窝状网孔有很强的吸附作用。

研讨与反思

1. 把这三种不同颜色的液体换成有颜色的碳酸饮料，重复上面的实验，会有什么变化？

2. 色母片可以吸附天然色素吗？

3. 请对自己在此次活动中的表现作出评价。

讨论设计	☆☆☆☆☆
动手制作	☆☆☆☆☆
合作分享	☆☆☆☆☆

⊛拓展与延伸

　　天然色素是从动物、植物、微生物和矿物中提取出来的，它们具有安全性高、色调自然、成本较高、保质期短、容易褪色、稳定性差的特点。其中，植物色素是天然色素应用最多的一类。你有没有办法提取植物中的色素？可以通过研磨、蒸煮、榨汁等方法试一试。

　　1. 所需材料：

　　2. 设计草图：

8 淀粉密信

抗日战争时期，冀中人民在中国共产党的领导下，不仅创造了地道战，还发明了多种多样的情报传递方式。也许你在电影里看到过这样的情景：通讯员为了不泄露秘密，用"密信"的形式传递消息。

观察与发现

打开密信发现是一张"白纸"？但是一旦喷上某种神秘的液体，纸上的文字就能显示出来！这是为什么呢？

探究与实践

制作淀粉密信

准备材料： 塑料杯、直径为9厘米的圆形滤纸4张、夹子、搅拌勺、细头笔刷、碘伏、喷壶和面粉。

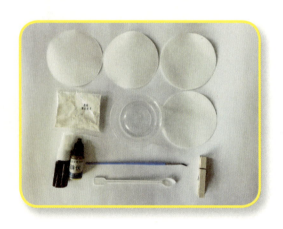

实验步骤：

1.将面粉倒入塑料杯中，加入适当的水，然后用搅拌勺搅拌均匀。

2.用细头笔刷在杯子中蘸取溶液，并在滤纸上写字。

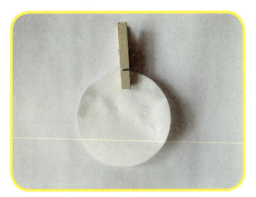

3.写好以后用夹子夹住滤纸，放置阴凉处晾干。

4.将碘伏挤进喷壶的瓶子中，将喷壶组装好，用喷壶在滤纸上喷上碘伏。看看滤纸发生了什么变化吧！

温馨提示

　　实验过程中应注意碘伏的不可食用性，避免将其溅入眼睛或口中。实验后应及时洗手，避免碘伏残留在皮肤上。实验器材应妥善保管，避免儿童误用。

展示交流： 将自己制作的淀粉密信（已经解密或未解密的）进行展示，同学之间交换读取密信内容。

研讨与反思

1. 为什么滤纸上的字在喷碘伏之后就显现出来了呢?

2. 请对自己在此次活动中的表现作出评价。

讨论设计	☆ ☆ ☆ ☆ ☆
动手制作	☆ ☆ ☆ ☆ ☆
合作分享	☆ ☆ ☆ ☆ ☆

拓展与延伸

　　食物变色通常是由于其含有的天然色素在特定条件下发生变化。例如,虾蟹在烹饪过程中,虾青素受热氧化为虾红素,从而使颜色由青色变为红色;苹果和山药中富含的酚类化合物在切开后会被空气氧化,导致颜色变黄;玉米、红薯中的淀粉遇碘伏而变深蓝色或紫红色……你还知道哪些含淀粉的食物吗?在家测试一下吧。

食物				
颜色				
结论				

9 食物旅行记

语文课《在牛肚子里旅行》中的红头在牛肚子经历了一场惊险刺激的旅行，危急时刻青头运用牛消化食物的科学知识帮助红头脱险！食物在人身体里是怎么消化的呢？让我们一起来探索其中的奥秘吧！

观察与发现

我们了解了食物在口腔被初步消化后，发生了很多变化。当食物进入身体后，还会经过哪些器官，是按照什么样的路线进行的？

口腔、食管、胃、小肠、大肠有一个共同的名字——消化器官。

探究与实践

模拟食物在消化道里的运动

准备材料：人体消化系统图卡、双面胶、吸管、绿豆、绿豆变化贴纸。

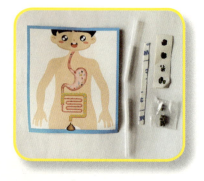

实验步骤：

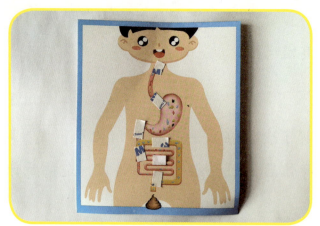

1.将双面胶剪成小块，粘贴在图卡对应位置。

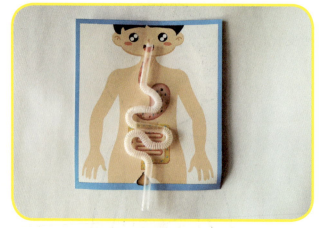

2.将吸管贴在双面胶上，注意粘贴的位置。

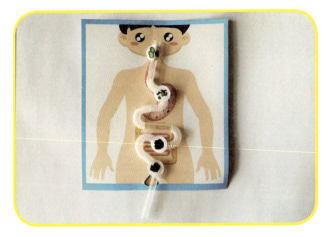

3.将绿豆的变化贴纸粘贴在吸管的对应位置。

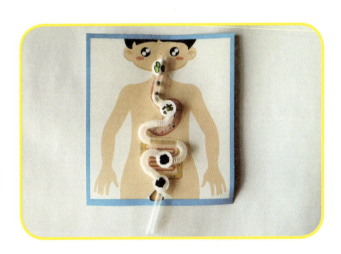

4.将绿豆从口腔的位置放入,观察绿豆是如
何变化的吧。

分享与交流: 说一说食物的消化过程。

⏳研讨与反思

1.食物旅行的第一站是什么地方?食物在我们的口腔里面
有什么变化?

2. 食管是什么样的？

3. 食物的旅行经过了口腔、食管、胃，下一站是哪里呢？小肠有什么作用？

4. 请对自己在此次活动中的表现作出评价。

讨论设计	☆☆☆☆☆
动手制作	☆☆☆☆☆
合作分享	☆☆☆☆☆

⊙ 拓展与延伸

消化器官对人体来说非常重要，我们需要保护好它们。下面哪种饮食习惯更有利于健康呢？为什么？

1. 暴饮暴食。

2. 细嚼慢咽。

3. 吃过冷、过热的食物。

10 水质净化

水是生命之源，对人类和其他生物的生存至关重要。地球表面大部分区域被海洋覆盖，我们称地球为"蓝色星球"，但可供人类生活和饮用的水资源实际只占地球水量的极少一部分。

观察与发现

生活用水一般来自江河、湖泊或者井水。你知道为什么河里的水看起来较为浑浊，而井水却干净清澈吗？植被和土壤具有净化水的功能吗？

探究与实践

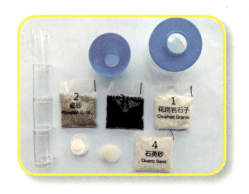

准备材料： 连接筒、带孔塑料杯、量杯、漏斗、过滤纸、棉纱、活性炭、石英砂、瓷砂、花岗岩石子。

制作步骤：

1.制作污水：往一个不带孔的量杯中倒入少许泥沙，加入50毫升清水后搅拌均匀，模拟制成浑浊的污水。

2.铺滤纸：在每个带孔杯子的底部放上一张滤纸和一块棉纱。

3.装过滤填充物：将石英砂、活性炭、瓷砂、花岗岩石子分别放入铺好滤纸的四个杯子中。

4. 连接：依次将装有石英砂、活性炭、瓷砂、花岗岩石子的带孔塑料杯按照从下往上的顺序叠放在连接筒中，并将漏斗安放在连接筒上部。

5. 观察现象：将制作出的污水倒入安装好的过滤装置中，观察过滤效果。

讨论交流：

观察浑浊的泥沙水随着层层的过滤最后变成透明清澈的水，请同学们讨论交流每一层过滤物的功能。

研讨与反思

1. 你的过滤水实验做成功了吗？改变石英砂、活性炭、瓷砂、花岗岩石子的顺序，对实验结果会有影响吗？

2.净水器的功能除了过滤水中的沙石，还能过滤掉哪些物质呢？

3.请对自己在此次活动中的表现作出评价。

讨论设计	☆☆☆☆☆
动手制作	☆☆☆☆☆
合作分享	☆☆☆☆☆

拓展与延伸

你知道哪些节水小妙招？请与同学们一起分享。

妈妈说：
要节约用水！
洗菜水可以浇植物

变色陀螺

陀螺也叫"冰猍儿"，抽打冰猍儿，旋转、舞蹈，两只旋转的陀螺奋勇搏斗，有趣极了！为什么圆圆、尖尖的陀螺可以在地面上旋转舞蹈？快速旋转的七彩陀螺，它的颜色会发生怎样的变化呢？让我们一起去探索其中的奥秘吧！

✏️ 观察与发现

1. 陀螺由哪几个部分组成？

2. 怎样让陀螺转起来呢？

3. 旋转的陀螺为什么不倒？

4. 给陀螺换上彩色的陀螺卡纸，再次转动陀螺，你有什么发现？

探究与实践

会变色的陀螺

准备材料： 陀螺图卡 5 张、塑料轴陀螺固定装置 2 套。

实验步骤：

1. 用塑料轴穿过图卡中间的圆孔。

2. 将穿过图卡中心的轴与底托安装在一起。

3. 捻动塑料轴，小陀螺就旋转起来了。

讨论交流：随着陀螺的飞速旋转，卡片上的不同种颜色混合在一起，肉眼看到了什么颜色？

研讨与反思

1. 旋转起来的小陀螺是不是很漂亮呢？那你知道为什么七彩陀螺旋转起来以后，我们看见的颜色是白色的？

2. 请对自己在此次活动中的表现作出评价。

讨论设计	★★★★★
动手制作	★★★★★
合作分享	★★★★★

拓展与延伸

课后尝试制作黑、白两色陀螺和七色陀螺，当它们旋转起来，颜色会发生什么变化呢？

风力越野车

12

同学们，你们看过《艾玛与风》这本绘本吗？故事的主角艾玛是一只与众不同的大象。当一阵大风袭来，整个象群都感到害怕和紧张躲进山洞里，而花格子大象艾玛不相信风可以吹跑一头大象，勇敢的艾玛决定与风来一场特别的"较量"。你支持花格子大象的观点吗？

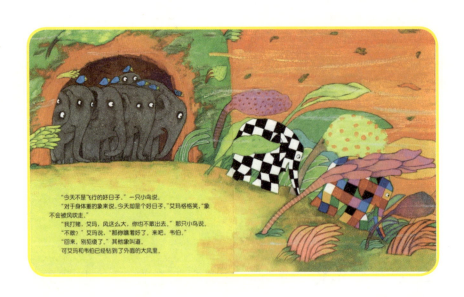

🖊 **观察与发现**

风力发电是指将风的动能转为电能，简称风电。按照安装地区的不同，风力发电可分为陆地风力发电和海上风力发电。

我国西北地区为高原地貌，加上地势起伏较小，是我国风能资源最丰富的区域之一。既然风能可以转换为电能，那么电能可不可以转换为风能呢？

🌐探究与实践

做一辆风力越野车

准备材料： 车轮、车轴、轴套、木板车身、带孔木块、扇叶、电机、电池盒、双面胶、白胶、电池。

制作步骤：

1. 将带孔的木块用白胶固定在大木板上。

2. 将四个小木块用白胶固定在小木板上，车顶棚就制作好了。

3. 在大木板上，给四个带孔木块装上铁轴并用轴套限位。

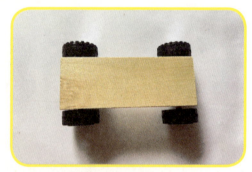

4. 安装车轮。

5. 用双面胶固定电池盒和电机，将电池盒的导线与电机相连。

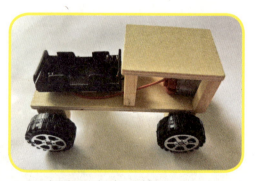

6. 用白胶固定车顶棚。

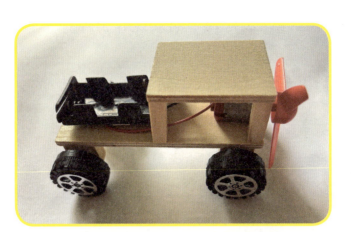

7.将扇叶安装在电机轴上，安装完成。装上电池进行测试。

温馨提示

使用白胶时可以戴上一次性手套，避免沾到手上。

电池盒与电机连接时注意不要用力拉导线，小心拉断。

电池盒上的闸刀在安装过程中处于断开状态，以防意外接通电源，使扇叶转动，对人造成危险。

分享与交流：

风力越野车为什么不叫电动越野车，给它装电机的原因是什么？

研讨与反思

1.风力越野车的工作原理是什么？

2.水母游动、蛙泳存在作用力与反作用力吗？生活中还有哪些情况存在作用力与反作用力？

3.请对自己在此次活动中的表现作出评价。

讨论设计	☆ ☆ ☆ ☆ ☆
动手制作	☆ ☆ ☆ ☆ ☆
合作分享	☆ ☆ ☆ ☆ ☆

拓展与延伸

　　风能是一种清洁能源，风力发电作为可再生能源，取之不尽用之不竭，现在世界能源发展面临着资源紧张、环境污染、气候变化三大难题，寻找清洁能源是必经之路，发展风电，开发风能也必将是关键环节之一。请你对我们今天的风力越野车进行改造，不用电池和电机，利用环保材料做一辆利用风能的风帆小车吧。

　　1.所需材料：

　　2.设计草图：

猴子走钢丝

400 多年前，英国有个叫艾萨克·牛顿的年轻人，他是一位善于思考的物理学家。一天，他正坐在一棵苹果树下休息，这时一个熟苹果掉了下来，砸在了他的头上。牛顿摸着脑袋想到了一个问题：为什么苹果会掉下来？如果把球抛向空中，为什么球不总是上升，终会降落？

观察与发现

物体由于地球的吸引而受到的力叫重力，重力的施力物体是地球，重力的方向总是竖直向下。细心观察，生活中还有哪些受重力影响的例子呢？

为什么这个走钢丝的人不会往下掉呢？我们可以制作一个模型来进行实验探索。

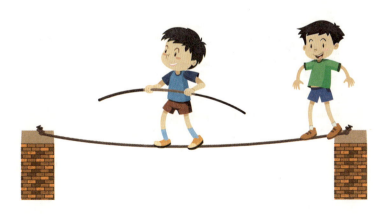

🌐 探究与实践

猴子走钢丝

准备材料： 小猴模型、螺母、棉线、小铁棒、齿轮、垫片。

实验步骤：

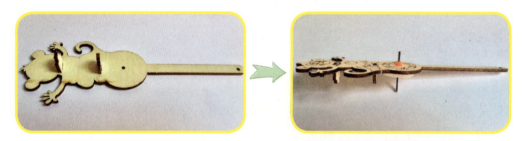

1. 将插销插入板内。短轴穿过轮子，然后插入小孔用轴套固定。

2. 将另一面也用插销固定，穿过车轴，用轴套固定。再用车轴穿过小孔固定螺母，两头用轴套固定。

3. 把线从中间穿过，卡在白色轮子中间。

4. 完成以上步骤后，用手轻轻把两边绳子抬起来，小猴子便在绳子上"走"起来了。

如果小猴不能保持平衡，可以检查螺母是否挂上、棉绳是否卡住等因素，并进行相应调整。

讨论交流： 举办猴子走钢丝交流会，小组成员之间互相玩一玩，评价实验效果如何。

⌛研讨与反思

1. 现在你认为猴子是利用什么原理在棉线上平稳行走的？

2. 当在猴子的下方安装了螺母时，整个猴子的重心是怎样变化的？这样做的好处是什么呢？如果去掉螺母，猴子的重心会发生怎样的变化？请动手试一试，并思考其中的原因。

3. 请对自己在此次活动中的表现作出评价。

讨论设计	★★★★★
动手制作	★★★★★
合作分享	★★★★★

⚛ **拓展与延伸**

重心平衡在我们生活中有很多应用，就像走钢丝的人一样，他们通过控制自己的身体来保持平衡。其实，我们平时也在不自觉地运用这个原理。比如，当你骑自行车时，你会自然地调整身体的重心，让自己不会摔倒。还有，当你用脚尖站立，试着保持平衡时，也是在运用重心平衡的原理。就连我们摆放家具时，也会考虑它的重心，确保它不会倾倒。所以，重心平衡是很重要的，它帮助我们在生活中保持稳定和安全。

请在生活中继续寻找重心平衡的例子，尝试画简图表示出物体的重心。和同伴分享你的发现。

14 探秘潜水艇

　　同学们，还记得我们在语文课上一起遨游的那个神秘而瑰丽的《海底世界》吗？今天我们就动手制作一个潜水艇去探索那个深邃而迷人的水下王国。

观察与发现

　　自然界中的鱼，为什么可以停留在水中的某一深处呢？你知道它的身体里一个重要器官——鱼鳔的作用吗？

探究与实践

制作潜水艇

实验材料：艇身、艇盖、气嘴、螺母、圆形泡棉胶、气球、针管和软管。

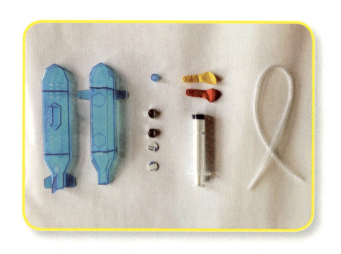

实验步骤：

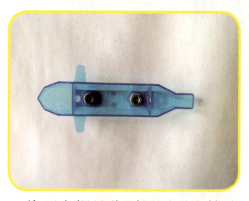

1. 将两个螺母分别用圆形泡棉胶粘在艇身上的六边形孔中。

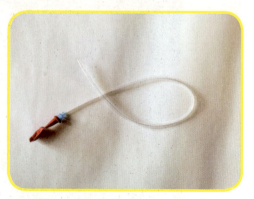

2. 将气球套在气嘴上，气嘴的另一端插上软管。

3.将软管的另一端穿过艇盖尾部的椭圆孔。

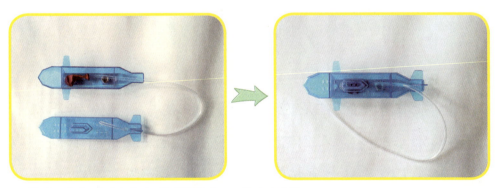

4.将气嘴卡在艇身上的凹槽内,盖上艇盖。

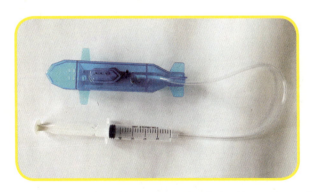

5.将针筒抽到底,使针筒内充满气体,然后穿插在软管的另一端。将潜水艇放在水中,推动针管。

讨论交流:请同学们观察潜水艇发生了什么变化。

研讨与反思

1. 潜水艇在水中，是怎样控制上浮和下沉的？你能试着解释一下实验现象吗？

2. 请对自己在此次活动中的表现作出评价。

讨论设计	☆☆☆☆☆
动手制作	☆☆☆☆☆
合作分享	☆☆☆☆☆

拓展与延伸

潜水艇技术也被广泛应用于现代科技中，比如水下机器人、无人潜水艇等，人们可以利用它们在深海进行科研、勘探、救援等工作，极大地拓展了人类的探索范围。

自制测力计

在我们的生活中，有很多看不见的力量在悄悄发挥着作用，比如你提起书包时用的力，或者风吹动树叶的力。这些力有大有小，如果我们能测量它们，是不是就更能了解周围的世界了呢？

观察与发现

劳动是我们日常生活中不可或缺的一部分，它不仅让我们的生活环境变得更加整洁有序，也是我们体验"用力"的绝

佳机会。在扫地、擦桌子、整理衣物的过程中，能亲身感受到手臂、腰部和腿部肌肉的紧张和放松，这就是用力最直接的体现。观察家务活动中的用力现象，比如推、拉、提、举等不同的用力方式，对家务效率的影响。

力有大有小，有的力很微弱，比如轻轻碰一下桌子；有的力则很强大，比如举起重重的书包。力的大小能不能像身高、体重一样测量出来呢？我们一起试一试吧。

探究与实践

自制测力计

准备材料：牙膏盒、绳子、回形针、瓶盖、鸡蛋、钉子、橡皮筋、尺子、铅笔。

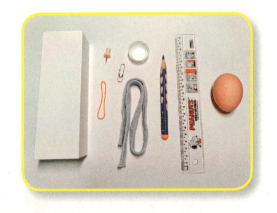

制作步骤：

1. 用白纸包裹一下牙膏盒侧面（刻度板），用钉子戳洞并插入。

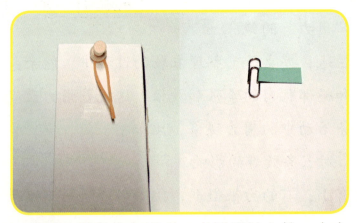

2. 把橡皮筋挂在钉子上，在回形针上粘一个小纸条做标记（指针）。

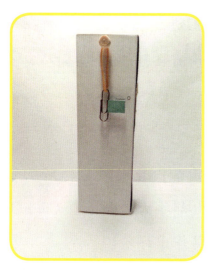

3.将回形针的一端挂在橡皮筋上，并用铅笔在标记的位置画上一条线段标为 0 刻度。

4.先放上一个鸡蛋，根据 1 个鸡蛋大约 0.5 牛顿，画出刻度。

5.用刻度尺量出 0 到 0.5 牛顿之间的刻度线间距，为 1 厘米，顺次每 1 厘米标一刻度线至 4 牛顿。在相邻两刻度线间，用短线平均分为 10 份。

6.放一个瓶盖，测出力为 0.1 牛顿。

展示交流：测量完结果后，同学们进行展示交流，并在周围寻找其他物体来测量其重力大小。接着探讨重力的大小与哪些因素有关。

⧗ 研讨与反思

1. 使用自制的测力计能否准确测量出拉书包拉链所需拉力的大小？你还能用自制的测力计测出哪些力的大小？

2. 请对自己在此次活动中的表现作出评价。

讨论设计	★★★★☆
动手制作	★★★★★
合作分享	★★★★☆

⚛ 拓展与延伸

想象一下，你们的测力计怎样才能变得更加有趣和实用。你们可以尝试调整用弹簧代替橡皮筋，看看它能测量的最大力是多少，或者最小力是多少。

接下来，将测力计带到户外，测量风的力量、草秆的韧性。还可以尝试设计一种能够记录数据的测力计，比如用画笔连接在弹簧上，当有力作用时，弹簧的伸缩会带动画笔在纸上画出痕迹，从而记录下力的变化。这样的创新设计，会让你们的测力计变得更加独特和有价值。

16 纸船称重大比拼

船，作为人类智慧的结晶，自古以来便是连接水域两岸的重要交通工具，承载着文明交流的使命与人们对未知世界的探索渴望。它不仅是水上航行的工具，更是人类勇气与智慧的象征。

观察与发现

东汉末年，曹操得到一头大象，但文武百官谁也没法称出大象的重量。曹操七岁的儿子曹冲想出一个办法：把大象放在一条船上，在

船舷上齐水面的地方刻下一道印迹，然后让大象下船，往船里装石头直到船下沉到所刻的水印处。船中石头的重量就是大象的重量。这是著名的历史故事"曹冲称象"。

年仅 7 岁的曹冲，巧妙地利用水的浮力原理，通过用石头来代替大象称出重量，展现了非凡的智慧与创造力。

（探究与实践）

纸船称重大比拼

准备材料： A4 纸多张、多个一元硬币、水盆或水槽、美工刀。

制作步骤：

1. 纸船制作：每位参与者或小组使用提供的纸张制作一只或多只纸船。纸船的形状可以自由选择，如方形、船型、圆筒形等。

2. 纸船测试准备：将盛水容器放置在平稳的地面上，加入足够的水（水深需符合实验要求）。

3.纸船称重测试：将制作好的纸船轻轻放入水中，确保纸船平稳漂浮。开始在纸船上逐个放置硬币。放置时需注意"快、轻、巧"，尽量将硬币平铺在纸船底部以增强稳定性。继续放置硬币直到纸船沉没。

记录与比较：记录每艘纸船成功放置的硬币数量。比较不同形状、大小的纸船的承重能力。

展示交流：举办承重纸船展示会，大家互相欣赏、分析影响纸船承重能力的因素（如纸船形状、底面积大小、纸张材质等）。

研讨与反思

1.在制作纸船时，有没有哪些结构上的改进可以显著提高承重能力？能否通过折叠、剪裁或加固特定部位来优化纸船的结构？

2.通过本实验，你对浮力原理有了哪些新的认识或理解？如何用浮力原理来解释纸船能够漂浮并承载一定重量的现象？

3.请对自己在此次活动中的表现作出评价。

讨论设计	☆☆☆☆☆
动手制作	☆☆☆☆☆
合作分享	☆☆☆☆☆

⚛ 拓展与延伸

如果让你重新做这个实验，你会做哪些改进以提高纸船的承重量？有没有其他方法可以测量或比较不同纸船的承重能力？

1.所需材料：

2.设计草图：

17 点亮你的光

在学习了《囊萤夜读》后，我们知道了车胤因为"家贫不常得油"，所以开动脑筋，在夏夜"练囊盛数十萤火以照书"，我们都被车胤的勤奋好学、机智聪慧所折服。

如果家里停电了，你有什么好办法来照亮你的书本呢？

观察与发现

自己找一找，或者问问家人：家里有哪些停电时可以使用的照明设备？

🌐 探究与实践

爱心小台灯

准备材料： 纸杯、一次性筷子、硬纸板、卡纸、灯串、剪刀、热熔枪或双面胶。

制作步骤：

1. 在纸杯上画好图案。

2. 用剪刀将图案镂空。

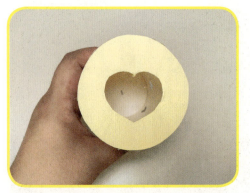

3. 用卡纸剪一个略大于杯口的圆，剪一个爱心的图案，贴于杯口。

4. 再在杯子侧面中部的位置开一个小孔。

5. 将筷子插入小孔，做好台灯的立柱。

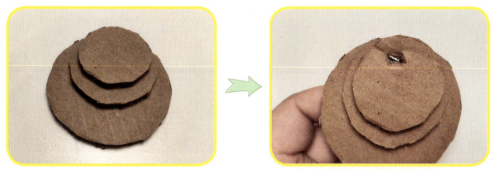

6. 将硬纸板裁剪成大小不一的图案，堆叠在一起粘贴牢固，作为台灯底座，并用剪刀在底座上挖一个孔。

7. 将灯串塞入杯中固定，开关记得留在纸杯的底部。将灯罩与底座组装好（可用热熔枪固定）。

⧗ 研讨与反思

1. 纽扣电池和普通电池有什么区别？纽扣电池发电的原理是什么？

2. 请对自己在此次活动中的表现作出评价。

讨论设计	☆☆☆☆☆
动手制作	☆☆☆☆☆
合作分享	☆☆☆☆☆

⚛ 拓展与延伸

电池的用途十分广泛。电动玩具、遥控器都离不开电池。无论是电动自行车还是电动汽车，电池都是它们的核心部件。

18 导体与绝缘体

科学课上，我们认识了导体和绝缘体。知道了导体是指容易导电的物体，还知道了不容易导电的物体叫作绝缘体。

观察与发现

观察生活中的物品，哪些物品属于导体，哪些物品属于绝缘体呢？

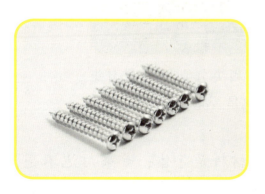

🌐 探究与实践

导体检测

准备材料： 电路检测器、橡皮、塑料、木棍、剪刀等。

实验步骤：

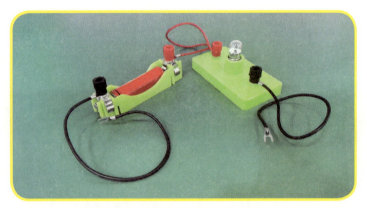

1. 将电路检测器安装完毕后，让两个检测头互相接触，灯泡亮即可正常工作。

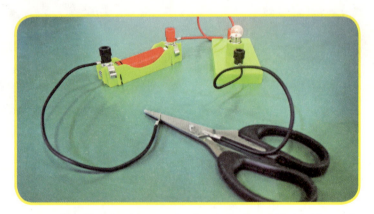

2. 用电路检测器的两个检测头分别接触剪刀头部、橡皮的两端，观察灯泡是否亮起来。

如果灯泡亮起来，则说明该材料是导体；如果灯泡不亮，则说明该材料是绝缘体。

请你记录每种材料的实验结果，并总结哪些材料是导体，哪些是绝缘体。

物品	材料	预测	第一次检测	第二次检测	是否导电

研讨与反思

通过实验，你得出了什么结论？小组内可以开展讨论，有什么材料既是导体，又是绝缘体？

科学百宝箱

绝缘体在一定条件下可以变成导体。在常温下的玻璃是绝缘体，但加热后，玻璃可以变为导体。这是因为加热可以改变物质的分子结构，使得原本束缚紧密的电子或离子获得足够的能量，从而能够在电场作用下自由移动，从而导电。

请对自己在此次活动中的表现作出评价。

讨论设计	★★★★★
动手制作	★★★★☆
合作分享	★★★★☆

在我们的日常生活中，利用导体和绝缘体原理制成的电线、电缆广泛应用于电力传输。

计算机、手机等电子设备中使用了大量的导体和绝缘体。

为了安全，人们发明了用于电工作业的绝缘手套。

建筑物上的避雷针（避雷网）是导体，可以防止雷电造成的损害。

别样的"擎雨盖"

荷尽已无擎雨盖，菊残犹有傲霜枝。

一年好景君须记，最是橙黄橘绿时。

同学们，这首《赠刘景文》是宋代诗人苏轼的名作，诗中的"擎雨盖"指的是什么？

观察与发现

你观察过下雨时的荷叶吗？当雨珠落在荷叶上，会发生什么现象呢？

🌐 探究与实践

自制小纸伞

准备材料： 正方形彩纸、水彩笔、剪刀、双面胶或固体胶、白纸。

实验步骤：

1.将正方形彩纸，沿对角折出"米"字线，然后沿着折痕收成正方形状，一边向中线折后按照折痕向下压平。再重复折一个。

2.分别在折好的形状上画个弧线，并沿弧线剪下。

3.将两个折纸展开后叠一起，用双面胶或者固体胶粘起来。

4. 将伞头剪平露出一个小洞，用白纸卷成纸棒作为伞柄穿到里面。

5. 伞柄上再粘一个纸条卷成的堵头，一把精致的手工小伞就做好了！

⌛ 研讨与反思

　　伞是人们日常生活中的必备品，它不仅可以遮风挡雨，还具有遮阳、装饰等作用。想一想，伞与荷叶之间有什么相同之处？

科学百宝箱

鲁班造伞

　　鲁班是我国古代著名的木匠，被尊为中国土木工匠的始祖。传说伞就是他发明的。有一天，鲁班和妹妹到西湖游玩，游人被雨淋得四处躲藏。鲁班看见一群小孩儿正在雨里追逐玩耍，他们每个人头上都顶着一片荷叶，雨珠顺着荷叶脉络不停地向四周流去。

　　鲁班跑回家，照着荷叶的样子，先用竹条扎好架子，再蒙上羊皮……妹妹试了试，说："要是能在用的时候把它撑开，不用的时候又能折起来，就更好了。"鲁班眼睛一亮，说："对！"他又反复试了许多次，终于造出了能开能合的伞。

请对自己在此次活动中的表现作出评价。

讨论设计	★★★★★
制作美观	★★★★★
合作分享	★★★★★

拓展与延伸

你见过这些伞吗？说说它们分别有什么特点。

降落伞

反光伞

油纸伞

茅草伞

20 动起来，就能平衡

"在泰山上，随处都可以碰到挑山工。他们肩上搭一根光溜溜的扁担，扁担两头的绳子挂着沉甸甸的货物。"在《挑山工》这篇课文中，我们了解了挑山工是怎样登山的，你可别小看他们的动作，其中蕴含着科学呢！

✎ 观察与发现

挑山工在登山过程中，需要保持身体的平衡以稳定前行。他们是怎么做的呢？

课文里是这样描述的："登山的时候，他们一条胳膊搭在扁担上，另一条胳膊随着步子有节奏地一甩一甩，使身体保持平衡。"试着模仿他们担重物的动作，你有什么发现？

将一条胳膊搭在扁担上，不仅有助于分担扁担上的重量，还能通过这条胳膊与扁担的接触点形成一个稳定的支撑点。另一条胳膊随着步子有节奏地一甩一甩，实际上是在进行一种自然的摆动，这种摆动有助于调整身体的重心位置，从而保持身体在运动中的平衡。

🌐 探究与实践

旋转中的平衡艺术

准备材料： 水彩笔、热熔枪、螺丝钉、纸杯、剪刀。

实验步骤：

1. 在纸杯底部画4条线，将杯底均匀分成8份（4条线相交于圆心）。

2. 空白处用水彩笔涂上自己喜欢的颜色。

3. 沿杯壁剪成长条状（剪到纸杯底部）。

4. 将所有长条修剪成花瓣的形状，并压平。

5. 在杯底圆心处插上螺丝钉，炫彩小陀螺就做好啦。

⧗ 研讨与反思

　　当陀螺静止不动的时候，你观察到了什么？当它转动起来以后，你又观察到了什么？有什么发现？

　　请对自己在此次活动中的表现作出评价。

讨论设计	★★★★★
制作美观	★★★★☆
合作分享	★★★★☆

⚛ 拓展与延伸

　　当我们做出如站立、单脚支撑、倒立等动作时，所保持的状态称为静态平衡。静态平衡是指人体在相对静止的状态下，维持身体某种特定姿势一段时间的能力。

　　当我们在玩蹦床、做特技、在冰上舞蹈、在水里游泳时，都需要很好的动态平衡能力。动态平衡是指人体在运动过程中控制身体姿势的能力。

有趣的平移游戏

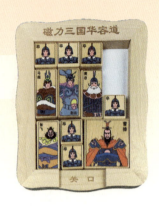

同学们，数学课上我们知道了什么是平移。今天，让我们一起继续感受平移的有趣之处吧！

观察与发现

同学们，你们有没有玩过拼图或平移游戏？如中国传统益智游戏华容道、俄罗斯方块等，当你把一个图形从一个位置移动到另一个位置时，就需要作平移运动。平移的过程中，什么发生了变化，什么保持不变？

🌐探究与实践

自制俄罗斯方块

准备材料：卡纸、彩纸、刻度尺、水笔、剪刀。

实验步骤：

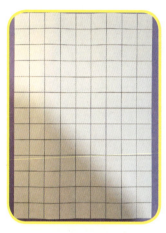

1. 在一张卡纸上每隔 2 厘米画横线和竖线。

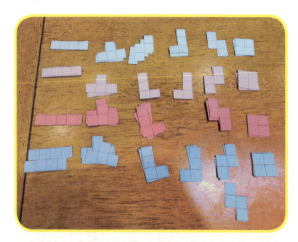

2. 用剪刀把彩纸剪成俄罗斯方块的零件。

3. 和好朋友们来一局吧！

4. 还可以给你的游戏盘加上你喜欢的装饰哦。

研讨与反思

1.通过制作俄罗斯方块、玩俄罗斯方块的游戏，你有什么收获？

2.请对自己在此次活动中的表现作出评价。

讨论设计	☆☆☆☆☆
动手制作	☆☆☆☆☆
合作分享	☆☆☆☆☆

拓展与延伸

平移现象在日常生活中非常常见，如：升降电梯、自动扶梯、拉抽屉、传送带、推拉门窗等，只要仔细观察，你就会发现许多有趣的平移现象。我们在数学学习中，可利用平移的特征，把不规则图形转化为规则图形，如：平移线段解决周长问题；平移图形解决面积问题。

自动扶梯通过平移和转动原理帮助人们上下楼层。

滑板车利用平移的原理实现快速移动。

高铁利用平移和轨道原理实现高速运输。

快递传送带利用平移原理实现高效分拣快递。

窗帘轨道利用平移原理实现窗帘的开合。

神秘的轴对称图形

生活中有很多图形和物体，无论是对折、反转，它们的两边看起来都一模一样，这些图形就是我们在数学课堂上接触过的轴对称图形。"儿童急走追黄蝶，飞入菜花无处寻。"你瞧，蝴蝶的翅膀正体现了对称之美。

观察与发现

你能找到轴对称图形吗？和同学们说说，都有哪些物品，有什么特点？

　　如果一个图形沿着某条直线对折，折痕两边的部分能够完全重合，这个图形就叫作轴对称图形。那条直线叫作对称轴。

🌐探究与实践

平移对称像素画

准备材料： 带方格的纸、水彩笔。

实验步骤：

1. 利用轴对称原理，制作一幅卡通像素画。

2. 快和伙伴们分享你的作品吧!

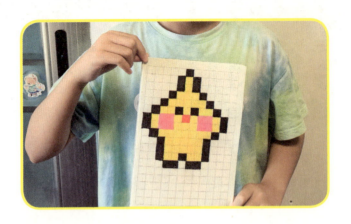

研讨与反思

1. 在绘制的过程中,你遇到了什么有趣的事情吗?

2. 有没有什么好方法能让自己绘图的效率变得更高?

3. 请对自己在此次活动中的表现作出评价。

讨论设计	☆☆☆☆☆
动手制作	☆☆☆☆☆
合作分享	☆☆☆☆☆

拓展与延伸

三星堆出土的文物将对称之美发挥到了极致。

自然界中的对称图形经常在植物的身上出现。

每一朵雪花理论上都是对称图形，通常会以六边形为基础进行结晶，形成对称的图案。

中国苏式园林利用轴对称展现中式审美。

稳固的三角形

三角形是一个非常有趣的图形，它的稳定性使其不像四边形那样易于变形，而且有稳定、坚固、耐压的特点。因此，三角形的结构在工程上有着广泛的应用。想不想尝试利用三角形的特点，自己去搭建一座桥呢？

观察与发现

许多建筑，如埃菲尔铁塔、埃及金字塔等都是三角形的结构。在桥梁设计中，你能观察到三角形的构造吗？

武汉天兴洲长江大桥

南昌八一大桥远景

🌐 探究与实践

制作简单桥梁

准备材料： 三个纸杯，三根雪糕棒。

实验步骤：

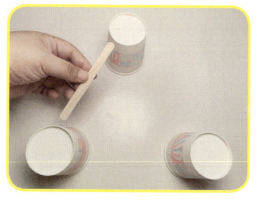

1. 将三个纸杯向下呈三角形的样式分别摆好，并保持一定的距离，使其间隔大于一根雪糕棒本身的长度。

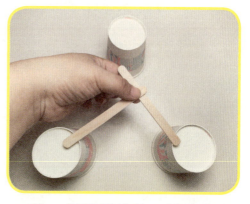

2. 将一根雪糕棒的一端放在另一根雪糕棒的上方。

3. 将第三根雪糕棒穿插到前两根雪糕棒的中间，架出一个三角形图案。

4. 桥面中心处放置物品，测试其承重能力。搭建完成！

研讨与反思

1. 桥梁搭建成功的要点是什么，你能运用学过的知识总结一下吗？这样搭建桥梁有什么好处？

2. 请对自己在此次活动中的表现作出评价。

讨论设计	★★★★★
动手制作	★★★★★
合作分享	★★★★★

拓展与延伸

在建筑设计中，三角形的结构可以有效地分散重力和外部力的作用，使建筑物更加坚固耐用。

日常生活中，如人字梯、美术画架等，三角形的形状更稳固。

在户外运动和娱乐设施的设计中，三角形的稳定性也可以帮助设计师们创造出更加安全和稳定的设施，保障人们的生命安全。

㉔ 植物琥珀

　　语文课上，我们学习了《琥珀》一文。还记得树脂是怎么变成化石的吗？让我们回顾一下吧。

　　琥珀的形成一般有三个阶段：1.树脂从松树上分泌出来；2.随着地壳的运动，树脂被深埋地下千万年，逐渐发生了石化反应，树脂的成分、结构和特征都发生了明显的变化；3.石化树脂被冲刷、搬运、沉积，发生成岩作用从而形成了琥珀。

▶ 观察与发现

　　你观察过树木吗？树干上可以看到些什么？

许多树都会分泌树脂，你知道这些树脂有什么作用吗？

🌐 探究与实践

自制专属琥珀

准备材料： 酒精灯或蜡烛、锡纸碗、植物标本、松香。

🔔 温馨提示

为了避免个别同学操作不当，同时也希望实验能够更加安全，建议同学们在操作时用蜡烛替代酒精灯。

实验步骤：

1. 加热松香至熔化。

2. 把松香倒入锡纸碗，静置两分钟。

3. 放入植物标本，静置一分钟。

4. 再加热熔化一份松香。

5. 倒入放有标本的锡纸碗中。

6. 静置冷却后，去掉锡纸碗。

研讨与反思

1. 在本次实验的过程中，你总结出了松香的特点吗？

2. 在制作的过程中，还有哪些注意事项呢？

3. 请对自己在此次活动中的表现作出评价。

讨论设计	★★★★☆
动手制作	★★★★☆
合作分享	★★★★☆

⚛拓展与延伸

　　同学们，树脂经过提炼和加工后，作用可大了！比如松树树脂加工提炼的松香，就是一种重要的化工原料，主要用于油漆、造纸、橡胶制造等。在日常生活方面，松香可涂抹在弦乐器的弓毛上，增大弓毛对琴弦的摩擦力。

　　除了树脂，很多树木还会分泌一种叫作"树胶"的物质。例如，桃树或山桃等树皮中会分泌红褐色或黄褐色的树胶，人们通常称之为桃胶。桃胶具有美容养颜、润肠通便等功效，但消化不良人群、孕妇及婴幼儿等禁止食用。

25 石膏娃娃

我们在科学课上学习了各种各样的岩石和矿物，石膏是我们生活中比较常见的矿物，美术馆里或者美术课上我们能看见各种不同的石膏像，这些雕像为什么要用石膏来制作呢？石膏有什么特点呢？

观察与发现

你在生活中见过石膏做的物品吗？观察过这些石膏制品吗？它们又是怎么做成的呢？

制作这些石膏制品需要用到石膏粉，我们来观察石膏粉和石膏像有哪些相同点和不同点。

探究与实践

自制石膏娃娃

准备材料： 石膏粉、杯子、搅拌棒、硅胶模具、电子秤、颜料、画笔。

实验步骤：

1. 用电子秤称 50 克水（也可以用量杯取 50 毫升水）。

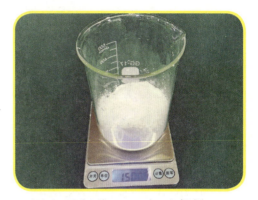

2. 用电子秤称 150 克石膏粉。

3. 将石膏粉倒入水中，用搅拌棒顺时针搅拌均匀（这样不容易出现气泡）。

4. 将杯中的石膏水倒入硅胶模具中，等待 30 分钟，让石膏凝固。

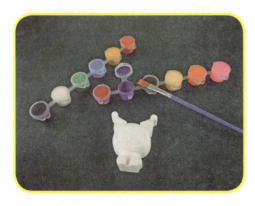

5. 取出石膏娃娃，涂上颜色，漂亮的石膏娃娃就做好了。

⊙拓展与延伸

1. 为什么我们在制作石膏娃娃时要用硅胶模具，可以选择不同材质的模具吗？

2. 改变石膏粉和水的比例还能成功制作出石膏娃娃吗？

3. 你在实验过程中发现了石膏有哪些优缺点？

4. 根据石膏的特点，你觉得石膏还适合用于哪些方面？

5. 请对自己在此次活动中的表现作出评价。

讨论设计	★★★★★
动手制作	★★★★☆
合作分享	★★★★★

⌛研讨与反思

　　石膏已经渗透到我们日常生活的方方面面。在医疗方面，它主要用于骨折固定、牙科治疗以及皮肤创口的保护。而在建筑领域，石膏则被用于制作建筑材料、模型。在家庭装饰中，用于家居吊顶、墙面装饰以及工艺品制作。甚至在食品加工领域，石膏都发挥着意想不到的作用。

提取水果 DNA

乡村人家总爱在屋前搭一瓜架，或种南瓜，或种丝瓜……青、黄色的瓜，碧绿的藤和叶，构成了一道别有风趣的装饰。

🖋观察与发现

俗话说：种瓜得瓜，种豆得豆。仔细观察这些瓜果结出的果实，你有什么发现？

🌐探究与实践

提取香蕉 DNA

实验材料：量杯、香蕉（可用常见的水果代替）、纱布或滤网、酒精（最好提前冷藏）、食盐、搅拌棒、自封袋、洗洁精、电子秤。

实验步骤：

1.用电子秤称 5 克洗洁精。

2.用电子秤称 2 克盐。

3.把称好的盐和洗洁精倒入 50 毫升水中，搅拌均匀，DNA 提取液就配置好了。

4. 把香蕉和 DNA 提取液一起装进自封袋里，再将香蕉捏碎。

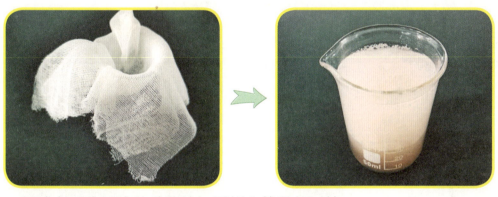

5. 用纱布过滤捏碎的香蕉汁，再倒入等量的酒精。

6. 漂浮在上面的絮状物
就是香蕉的 DNA。

研讨与反思

1. 其他水果的 DNA 能用这个方法提取出来吗？

2. 为什么配置提取液需要用到洗洁精和盐呢？酒精又有什么作用呢？

3. 提取出来的 DNA 有什么作用呢？

4. 请对自己在此次活动中的表现作出评价。

讨论设计	★★★★★
动手制作	★★★★★
合作分享	★★★★★

拓展与延伸

生物的遗传离不开DNA，DNA上有很多遗传信息。这些信息其实就是指导和控制细胞中物质和能量变化的一系列指令。人类的DNA共有30亿个遗传密码，排列组成10万个基因。人的基因中既有相同的部分，又有不同的部分。不同的部分决定人与人的区别，所以人有不同的相貌特征。

27 地球的自转

同学们，巴金爷爷的《海上日出》让我们感受到了大自然壮丽的景色。太阳慢慢露出海平面，光芒四射，绚丽多彩。

观察与发现

我国幅员辽阔，不同地区的日出时间是不一样的。上海的日出时间比江西要早一些，这是什么原因呢？

🌐 探究与实践

自制简易地球仪

准备材料： 乒乓球、铁丝、手电筒、打火机。

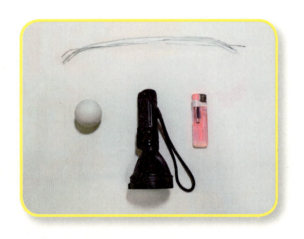

实验步骤：

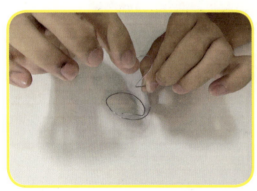

1. 用铁丝做地球仪模型支架。

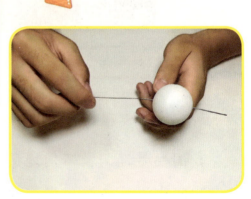

2. 将乒乓球的接缝作为赤道，用打火机将铁丝一端烧热后，立即稳稳地扎进乒乓球两个半球的中心，扎出两个小孔。

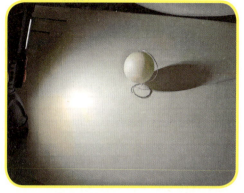

3.将乒乓球插入支架中，确保能灵活转动。

4.把手电筒当作太阳，模拟地球自转，昼夜交替。

温馨提示

如果铁丝太软穿不进乒乓球，可以用打火机烧硬。操作时请注意安全，掌握力度。

讨论交流：

当手电筒的光束不停移动时，观察乒乓球上的明暗变化，讨论交流你的发现。

研讨与反思

1.想一想，除了自转，地球还有其他的运动轨迹吗？太阳呢？

2.请对自己在此次活动中的表现作出评价。

讨论设计	☆☆☆☆☆
动手制作	☆☆☆☆☆
合作分享	☆☆☆☆☆

⊙拓展与延伸

　　地球自转：地球绕自转轴自西向东转动，从北极点上空看呈逆时针旋转，从南极点上空看呈顺时针旋转。北半球的观测者在夜晚凝视星空时，常常注意到一个有趣的天文现象：其他恒星每天都在围绕北极星顺时针旋转，而北极星的位置几乎没有变化。这是为什么呢？

奶茶爆爆珠

同学们，我们刚刚完成了单元习作《我学会了_____》。骑车、养花、唱歌、书法……原来，你们已经学会了这么多的本领，了不起！

还有位同学写道，她学会了做奶茶，喝上一口那叫一个醇香丝滑，香而不涩，把大家的馋虫都勾起来了。

观察与发现

奶茶里通常会加点配料用来增加口感，比如加点爆爆珠，你吃过吗？它是什么样子的？口感如何？

探究与实践

奶茶"爆爆珠"

材料准备:搅拌棒、食品秤、量杯、量勺、海藻酸钠、氯化钙(可用乳酸钙替代)、清水(课堂操作不便,故奶茶可用清水代替)。

实验步骤:

1. 将加热的 300 毫升清水和 10 克海藻酸钠搅拌溶解成海藻胶。

2. 将 500 毫升常温水和 20 克氯化钙搅拌溶解成"钙水"。

3. 先用钙水沾湿量勺，再把海藻胶倒入量勺，放至钙水里轻轻抖动。

4. "爆爆珠"成形啦！滴入食用色素后，颜色看起来会更明显。

温馨提示

1. 由于加热水温较高且溶解时间较长，这步可由老师提前完成。

2. 本次制作用清水代替奶茶，没有着色，因此使用了食用色素。

3. 同学们，正规厂家生产的食品级材料制作出来的爆爆珠才是可以食用的哟！

⏳ **研讨与反思**

1. 奶茶爆爆珠的表面薄膜是怎么形成的呢？

2. 想尝尝果汁爆爆珠的味道吗？运用今天所学的知识，自己动手试试吧！

3. 请对自己在此次活动中的表现作出评价。

讨论设计	★★★★☆
动手制作	★★★★☆
合作分享	★★★★☆

⚛ **拓展与延伸**

同学们，你们养过"水宝宝"（主要成分为丙烯腈、丙烯酸酯，两者均有一定毒性）吗？它和"爆爆珠"有什么相似与不同呢？请继续探究吧！

发光的萤火虫

在《囊萤夜读》的故事里，勤奋刻苦的车胤用口袋装萤火虫，利用萤火虫发出的亮光来照亮书本。生活中，你见过萤火虫吗？了解过它们吗？

观察与发现

夏夜，如果我们来到靠近水域的草丛中，也许有机会看到这些有意思的小生灵。萤火虫常栖息在温暖、潮湿、多水的环境，如杂草丛、河边及芦苇地带，白天休息，夜间觅食。

（🌐探究与实践）

夏夜"萤火虫"

准备材料：黑、白两色卡纸，丙烯马克笔，黑色签字笔，黄色颜料，调色盘，剪刀，灯串。

实验步骤：

1.在黑色卡纸上用绿色的丙烯马克笔画上植物。然后挤出适量的黄色颜料到调色盘中，用食指蘸上颜料，在白色卡纸上按上指印，作为"萤火虫"的轮廓。

2.用黑色签字笔画上"萤火虫"的头部、触须与翅膀，然后剪刀剪下。将剪下的"萤火虫"粘贴在黑色卡纸上。

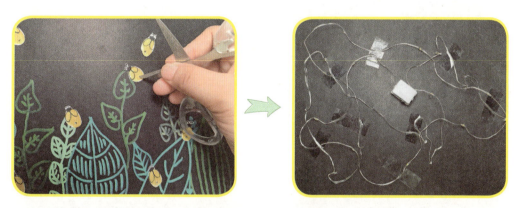

3.用剪刀或其他工具在"萤火虫"的尾部戳一个小洞。将灯串的灯芯部分，分别穿到"萤火虫"的尾部，用透明胶固定。

4.将灯的开关打开，发光的"萤火虫"出现啦！

研讨与反思

1. 学习了这一课，你知道萤火虫为什么会发光吗？

萤火虫的腹部有专门的"发光器"。萤火虫的体内含有一种特殊的化学物质荧光素以及荧光素酶，当荧光素在荧光素酶的作用下与氧气发生化学反应，会发出微光，但不是所有的萤火虫都会发光。

2. 请对自己在此次活动中的表现作出评价。

讨论设计	☆ ☆ ☆ ☆ ☆
动手制作	☆ ☆ ☆ ☆ ☆
合作分享	☆ ☆ ☆ ☆ ☆

拓展与延伸

利用萤火虫发光的特性，科学家们又做出了怎样的思考呢？

萤火虫的发光基因，是遗传工程科学工作者研究的热门对象。不同于其他的光会伴生出热量的损耗，萤火虫发出的荧光是一种生物光，其温度升高不超过 0.001 ℃，是目前已知唯一几乎没有热损耗的光源，因此也叫"冷光源"。早在 20 世纪 40 年代，科学家受到萤火虫的启发，发明了荧光灯。

30 有趣的小刺猬

动物是我们的朋友，不论是老舍笔下的猫或是母鸡，还是丰子恺笔下的白鹅，都给我们留下了深刻的印象。生活中，你见过小刺猬吗？它有什么特点？

观察与发现

刺猬，以其背部覆盖的保护性棘刺而闻名，当受到威胁时，它们会将自己卷成一个球形保护自己。你观察过刺猬的"刺"吗？这些"刺"和它其他部位的毛发相比，有什么不同？

请把你收集到的信息稍作整理，和同学们交流讨论。

🌐 探究与实践

刺猬毛线球

准备材料：棕色毛线、剪刀、铅笔、棕色或黄色卡纸、铅笔、彩泥（可用棕色水彩笔代替）

实验步骤：

1. 在棕色卡纸上画好一只刺猬的轮廓并剪下来。

2. 取一段毛线缠挂在手指上备用。

3. 再取另外的毛线缠在手上，多缠几圈。

4. 用挂手上的那一段毛线捆扎圈好的毛线的中部位置系紧。

5.用剪刀剪开捆扎好的毛线两端。

6.稍作修剪，让这个毛球更立体（注意不要剪断固定的这根毛线）。

7.在刺猬卡纸上剪两个开口（如图）。

8.把毛线球固定在卡纸上。

9.给小刺猬贴上眼睛装饰，并用彩泥做它的鼻子。

研讨与反思

1. 本次制作你有什么收获？和小伙伴互相交流。

2. 刺猬的本领给你带来了什么启发？

3. 请对自己在此次活动中的表现作出评价。

认真倾听	☆ ☆ ☆ ☆ ☆
动手制作	☆ ☆ ☆ ☆ ☆
合作分享	☆ ☆ ☆ ☆ ☆

拓展与延伸

　　刺猬身上长着粗短的棘刺，当遇到敌人袭击时，它的头朝腹面弯曲，身体蜷缩成一团，包住头和四肢，浑身竖起钢刺般的棘刺，使袭击者无从下手。其实，刺猬的本领可不止这个！它们的触觉与嗅觉很发达，因此能够帮助它们寻找到最爱的食物——蚂蚁与白蚁。

肥沃的土壤

在科学课上，我们学习了关于土壤的相关知识，知道土壤包含小石子、沙、黏土、腐殖质、水、空气等物质，通过观察和实验，了解了土壤的组成成分，认识到土壤是地球的重要资源，对生命及人类生产具有重要意义。

观察与发现

你观察过身边的土壤吗？小区里的土壤与菜地里的土壤有什么区别？土壤的成分会影响到植物的生长吗？

请把你的发现填写在横线上：

_____

_____

_____

_____

探究与实践

制作堆肥

准备材料：空塑料瓶、热熔枪、厨余蔬果皮、棕色的废旧纸皮、胶带、剪刀、土壤。

实验步骤：

1. 在瓶子底部铺上 5 厘米左右的土壤。

2. 第二层，铺上适量的蔬果皮（不要太厚）。

3. 第三层，铺上一层薄薄的土壤。

4. 第四层，铺上剪好的棕色废旧纸皮，厚度 5 厘米左右。

5.第五层，盖上一层薄薄的土，再盖一层蔬果皮，用剩余的土壤覆盖在蔬果皮上，瓶子上层还需要保留一定的空隙。

6.封瓶后，用热熔枪在瓶子上层戳几个孔。

7.贴上日期，堆肥瓶就做好了。

温馨提示

　　使用剪刀、热熔枪的过程中，请一定要注意安全，必要时可以寻求家长、老师的帮助。

研讨与反思

　　1.同学们，通过制作堆肥，你有什么收获？想一想：这种制作堆肥的方式，对我们的环境与资源有什么益处？

2. 请对自己在此次活动中的表现作出评价。

认真倾听	★★★★★
动手制作	★★★★☆
合作分享	★★★★☆

拓展与延伸

制作堆肥的几点小妙招：

一、材料选择。建议使用绿色的蔬果，如蔬菜叶子、果皮等，它们富含氮元素，有助于堆肥的发酵。此外，再准备一些棕色的材料，如干叶、干草、木屑、纸板和干稻草等，它们富含碳元素，并帮助空气更好地进入。

二、保持平衡。在制作堆肥时，要确保碳元素和氮元素的平衡。一般来说，棕色材料和绿色材料的比例大约是 4∶1。如果氮元素过多，堆肥会变得黏糊，这时需要添加棕色材料来增加碳元素；反之，如果碳元素过多，堆肥发酵会缓慢，这时需要添加绿色材料来增加氮元素。

三、保持透气。堆肥需要保持透气，可以在底部铺上一层细小的树枝或秸秆作为滤水层，避免积水。同时，要定期搅拌堆肥，以提供氧气并加快分解速度。

四、添加辅助材料。可以添加红糖、鸡蛋壳、茶渣、咖啡渣等辅助材料来提高堆肥的效果。红糖可以提供微生物所需的能量，鸡蛋壳和茶渣等则可以增加堆肥的钙质和微量元素。

记住这些小妙招，你就能轻松制作出完美的堆肥啦！

蜡烛梅花

中国古代文人对梅花情有独钟，视赏梅为一件雅事。"遥知不是雪，为有暗香来。""不要人夸好颜色，只留清气满乾坤。"都是诗人们赞美梅花的诗句。

观察与发现

梅花，作为中国传统名花，以其傲霜斗雪、凌寒独放的品格深受人们喜爱。梅花的原产地是中国中南部至中南半岛北部，在中国已有三千多年的栽培历史。梅的变种和品种极多，可分花梅及果梅两类，花梅主要供观赏，果梅的果实一般加工制成蜜饯和果酱或供药用。

你观察过梅花吗？它是什么样子的呢？

探究与实践

蜡烛梅花

准备材料: 纸杯、石头、黏土、红色蜡烛、电磁锅、碗、干树枝、卡纸、彩笔、剪刀、洗洁精。

实验步骤:

1. 在纸杯内装入适量石头或者有一定重量的物品,并用黏土封口。

2. 插入枯树枝。

3. 装饰纸杯的外部。

4. 蜡烛用剪刀剪成小段放入碗中,然后将碗放入锅内隔水加热至蜡烛呈液体状态。

5. 在纸杯中加入少量洗洁精，再兑水。

6. 手指先沾水，再沾熔化后的蜡烛（注意温度，小心烫伤）。

7. 将手指上的蜡烛小心地固定在树枝上，形成"梅花"的花瓣。

8. 一朵梅花 5 个花瓣，多做几朵，作品就完成了。

⏳ 研讨与反思

1. 蜡烛的主要成分是什么？为什么蜡烛加热以后容易熔化呢？

2. 利用蜡烛的特性，我们还可以做些什么？

3. 请对自己在此次活动中的表现作出评价。

讨论设计	★★★★★
动手制作	★★★★☆
合作分享	★★★★☆

⊙ 拓展与延伸

石蜡，又称晶形蜡，根据加工精制程度不同，可分为全精炼石蜡、半精炼石蜡和粗石蜡三种。

粗石蜡含油量较高，主要用于制造火柴、纤维板、帆布等。

全精炼石蜡和半精炼石蜡的用途很广，其中，我们常见的蜡笔和蜡烛就有它们的身影。